Fêtes du Baptême

De S. A. R.

Henri-Charles-Ferdinand-Marie-Dieudonné

Duc de Bordeaux,

Célébrées à Nantes,

A Nantes,

De l'Imprimerie de Mellinet-Malassis.

Mai 1821.

FÊTES DU BAPTÊME

DE S. A. R.

MGR LE DUC DE BORDEAUX.

C'ÉTAIT une heureuse idée, que de réunir, pour les célébrer avec pompe, les deux plus éclatantes restaurations du trône de Saint-Louis : je parle du 3 mai et de la naissance du Duc de Bordeaux. LE TROIS MAI, époque à jamais chère à la France, jour de salut, dans lequel, après vingt-cinq années d'une absence trop funeste, l'héritier des soixante Rois Français, rentrait dans le palais de ses aïeux, n'ayant d'autres armes que le pardon, d'autres desseins que des desseins de paix et de bonheur. *La Naissance du Duc de Bordeaux*, cet événement qui sécha tant de larmes, releva tant de courages abattus, déjoua tant d'espérances coupables, événement miraculeux, comme nous le disions le 1.er octobre 1820, et nous ne craignons point de répéter ici cette première expression de nos sentimens: *Oui, l'enfant dont nous saluions le berceau, est l'enfant des miracles, et l'athée seul pourrait dans sa naissance ne pas reconnaître le doigt du Tout-Puissant.*

Hélas ! puisque, par une fatalité déplorable, nous ne pouvons parler de la naisance du fils, sans rappeler la douloureuse, mais héroïque fin du père, qui n'a présente à la mémoire la terreur que répandit de toutes parts la nouvelle de l'exécrable attentat ?........ Alors, comme l'a dit le premier écrivain de notre siècle, les veines de la patrie s'ouvrirent sous le poignard qui frappa l'infortuné Berry. Dieu de Clovis, de Saint-Louis, de Charlemagne et de Louis XVI, en est-ce donc fait de notre monarchie ? et ne l'avez-vous naguère relevée avec tant d'éclat que pour en consommer plus sûrement la ruine ! Mais au milieu de la nuit de deuil, un rayon consolateur a frappé nos regards, et le martyr, en montant au ciel, nous a du moins légué l'espérance. Il ne conviendrait pas, dans ces jours d'allégresse, de rappeler des crimes heureusement sans effet, et dont le souvenir ne doit servir désormais qu'à faire éclater la scélératesse, l'impuissance des hommes qui les commandent, les conseillent ou les approuvent en silence, et l'attention vigilante de la Providence éternelle qui les déjoue. Au milieu de ces tentatives inouies dans les annales du crime, le jour des miséricordes arrive, et cette jeune veuve, si faible en apparence, mais qui sous un extérieur fragile,

(3)

porte toute l'intrépidité des héros de sa race, dé-
pose aux portes de la vie le fruit de son auguste
hymen, *cet orphelin qui doit être un jour notre
père, qui nous aimera comme Louis nous aime,
comme nous aiment tous les siens.* Avec quelle
rapidité cette nouvelle, appelée par tant de vœux,
de soupirs et de larmes, se répandit dans les cités
et dans les hameaux ! Nous les avons encore présens
à notre souvenir ces transports vraiment français
qui éclatèrent dans nos murs fidèles, lorsque le
messager de bonheur nous annonça le Duc de Bordeaux ! Des larmes de joie coulaient de tous le
yeux, les amis, les ennemis s'embrassaient en répétant *vive le Roi !* et ces consolantes acclamations,
s'unissant aux accens joyeux de l'airain de nos
temples et de l'airain des batailles, proclamaient au
loin notre ineffable félicité.

Il était à présumer qu'une ville, qui avait fait
éclater de tels transports d'allégresse lors de la
naissance du jeune Henri, ne manquerait pas de
solemniser avec la même joie le jour de son Baptême.
Notre attente n'a point été trompée, et les Nantais
se sont, dans cette circonstance, montrés ce qu'ils
ont toujours été, ce qu'ils seront toujours, Français
aimants et fidèles.

Conformément au programme, le son de toutes
les cloches de la ville annonça, lundi au soir, la
solennité du lendemain. Le mardi, au point du

jour , au bruit d'une salve d'artillerie tirée par les canonniers de la Garde nationale , les cloches se firent encore entendre et signalèrent l'aurore de cette journée de bonheur , où le fils de Saint-Louis allait recevoir , au pied des autels , la première onction du chrétien. Dès lors, le drapeau sans tache commença de flotter aux fenêtres , et bientôt toutes les maisons en furent ornées. Le malheureux Berry disait , quelques momens avant sa douloureuse agonie : *Il n'est point de bonne fête si les pauvres n'en sont pas.* Convaincus de cette vérité , et suivant en cela l'impulsion de leur cœur, nos magistrats avaient assuré à la classe indigente de nombreuses distributions de vivres ; 8000 rations ont été données à-la-fois dans les quartiers les plus populeux. Il a été versé à la caisse d'épargnes et de prévoyance de Nantes une somme suffisante pour assurer à dix enfans, nés à l'époque de la naissance de S. A. R. Mgr. le duc de Bordeaux , une dot de 5oo fr. , qui leur sera comptée à leur majorité. Ainsi la veuve et l'orphelin ont trouvé dans ce beau jour un adoucissement à leur misère ; ils ont appris qu'il existait pour eux un nouveau bienfaiteur , et la voix de l'innocence malheureuse a , la première , appelé les bénédictions du ciel sur le tendre orphelin de la France.

A onze heures et demie, toutes les autorités , escortées de détachemens de la Garde nationale et de la ligne, précédés de la musique militaire, partirent de l'hôtel de M. le lieutenant-général comte Despinois, pour se rendre au *Te Deum* solennel de la Cathédrale. L'église était remplie d'une foule immense de personnes de tout rang et de tout âge, également empressées de venir porter au pied des autels le tribut si légitime de leur reconnaissance.

On remarquait avec intérêt, au milieu de cette imposante assemblée, et près de la chaire évangélique, une députation des jeunes élèves du Collége Royal. Non contens d'avoir, dès le matin, fait retentir les voûtes du Collége des accens de la reconnaissance et des acclamations de l'amour, ils étaient venus partager l'allégresse générale, et, dans la tenue la plus édifiante, mêler leurs vœux aux vœux de leurs parens. C'est aux jeunes gens surtout qu'il appartient de fêter la naissance du Duc de Bordeaux; ils y trouvent l'assurance d'un bonheur dont leurs pères ne peuvent que saluer l'aurore.

A midi, Monseigneur l'évêque étant placé sur son trône, M. l'abbé Carayon, chanoine de Poitiers, vicaire-général, prononça le discours que nous donnons ici. On y reconnaîtra sans peine l'apôtre de la religion et de la monarchie, qui, pendant le carême dernier, a si souvent fait couler nos larmes au récit des malheurs de la révolution, et ranimé notre courage en combattant, avec le plus

grand succès, les doctrines parricides qui ont en-
fanté tant de crimes. Il s'est exprimé ainsi :

« Monseigneur, Messieurs,

» Lorsque Jean-Baptiste, le plus grand des en-
» fans des hommes, vint au monde, les peuples de
» la Judée, frappés des merveilles qui signalèrent
» sa naissance, s'écriaient dans leur admiration :
» *Que pensez-vous que sera cet enfant, car la*
» *main de Dieu a paru en lui ?* Ne pourrai-je pas
» avec le respect qu'on doit à la mémoire des saints,
» appliquer ces paroles à l'enfant auguste et chéri
» pour lequel on célèbre des fêtes de jubilation
» dans toute la France ?... Jean-Baptiste fut un
» enfant de désir et de prière accordé aux vœux
» de parens recommandables qui ne pouvaient es-
» pérer d'héritier que par une faveur extraordi-
» naire du Ciel ; notre jeune Prince fut accordé
» aux prières d'une Princesse affligée qui portait
» dans son cœur tous les vœux de la France ;
» elle l'appela Dieu-Donné, pour marquer plus
» sensiblement la faveur céleste. Il était écrit que
» plusieurs se réjouiraient à la naissance de Jean-
» Baptiste : l'allégresse et les transports ont éclaté
» par-tout à la naissance de celui que nous célé-
» brons, et cette journée mémorable dans nos an-
» nales en est la rénovation et le complément. Enfin
» Jean-Baptiste fut le précurseur du Messie qui

» devait sauver les nations ; notre auguste enfant
» a été le précurseur de la félicité publique et le ga-
» rant de la succession légitime qui doit affermir le
» salut de l'état. Vos esprits ont saisi ces traits de
» comparaison, et vos cœurs en goûtent les con-
» séquences.

» Chargé de parler devant vous, MM., dans la
» cérémonie qui vous réunit aujourd'hui dans ce
» temple, que vous dirai-je sur un sujet profon-
» dément senti, mais trop rapidement conçu, qui
» soit digne d'une assemblée et d'une circonstance
» si remarquable ? La première pensée qui vient
» s'offrir est de rendre hommage à la Providence
» qui a fait tant de prodiges pour la famille de nos
» Rois, et qui vient de lui donner, dans le rejeton
» le plus cher, une preuve nouvelle de sa protection
» éclatante... Cet enfant de bénédiction porté comme
» en triomphe dans le temple du Seigneur au mi-
» lieu du concours des grands et des acclamations
» du peuple, reçoit aujourd'hui, dans le baptême
» solennel de l'église, la première onction du chré-
» tien qui le marque du sceau des élus, en atten-
» dant de recevoir, dans la suite, l'onction royale à
» laquelle il est destiné, comme héritier présomptif
» du trône des Lys, si nous sommes dignes de le
» voir régner sur une nation pacifique et fidèle ; si
» la France, désabusée des conquêtes qui lui ont
» procuré tant de gloire et tant de revers, surtout

» délivrée des factions qui la déchirent, des fausses
» doctrines qui la désolent, trouve enfin la stabilité
» du repos dans le sein de la monarchie chrétienne
» affermie sur ses bases.

   » Cet heureux enfant a paru parmi nous comme
» un arc-en-ciel après les orages, pour annoncer
» et ramener la sérénité. Si les prodiges et les dou-
» leurs sont les présages de la grandeur future, quel
» enfant naquit jamais sous des auspices plus si-
» gnalés ; que de souvenirs précieux et terribles se
» rattachent à lui ! Un père expirant d'une mort
» violente mais héroïque, révélant la grossesse de
» son épouse par une attention aussi tendre pour
» elle, que consolante pour nous, donnant dans
» quelques heures de vie l'exemple de toutes les
» vertus au plus haut degré ; une mère arrosée du
» sang de son époux au sortir d'une fête, suppor-
» tant son malheur avec un courage au-dessus de
» l'humanité, oubliant qu'elle est veuve pour rem-
» plir le devoir d'épouse jusqu'au dernier instant,
» et conservant sans altération le dépôt douloureux
» de son sein au sein des horreurs !... Faible et ti-
» mide auparavant comme une colombe, on l'a vue,
» depuis ce jour lamentable, étonner par sa force
» toutes les personnes qui l'entouraient, prédire
» avec assurance le Prince désiré, braver les me-
» naces et les dangers, et sans jamais se distraire
» des regrets de son époux, parvenir à travers les

» alarmes, au terme le plus heureux de l'enfante-
» ment. O religion sainte ! ô divines inspirations !
» ô Saints Anges de sa famille ! c'est vous qui l'ins-
» piriez, qui la souteniez dans ses cruelles tribu-
» lations et qui lui prépariez, après tant d'épreuves,
» la plus douce, la plus vive consolation, celle d'un
» fils nécessaire au bonheur de la France.

» Voilà, MM., sous quels auspices est né l'en-
» fant de nos vœux, le nouveau Charles qui fait
» revivre un Bourbon si justement regretté, et qui
» doit enfin essuyer nos larmes. Si l'auguste mère
» a prédit sa virilité avant que de naître, il nous
» est permis de prédire sa grandeur avant l'âge où
» les Princes déployent leurs vertus et leur caractère.
» Eh ! plût à Dieu que tous les Français trouvent
» en lui le noble lien qui doit les unir et, dans son
» berceau royal, le tombeau des discordes civiles !
» Le Ciel l'attend de nous après tant de leçons. »

» En effet, messieurs, Dieu nous l'a donné
» comme un nouveau gage d'espérance, nous lui
» devons un gage nouveau de fidélité, et, dans cet
» heureux jour, où éclate toute la pompe des joies
» publiques, nous devons lui ériger un monument et,
» si j'ose dire, un berceau dans nos cœurs, espérant
» de lui donner d'autres preuves de notre amour,
» quand il sera capable de sentir et d'apprécier la
» fidélité Française. Braves militaires, qui faites le
» plus bel ornement de cette fête, et dont l'ha-

» bile général offre tant de garantie par ses talens
» et son dévoument, il vous trouvera toujours
» dans cet honorable sentier : armés pour la sû-
» reté publique, vous sauriez le défendre s'il était
» en danger et faire respecter la famille royale,
» si jamais de nouveaux complots menaçaient le
» trône ou la tranquillité de l'état. Vous aussi,
» premier magistrat de la Loire, dont la sagesse
» honore l'administration, vous officiers vigilans
» de la cité, ministres intègres des tribunaux, et
» vous dignes chevaliers des différens ordres dont
» la plupart ont sacrifié pour l'honneur le repos
» avec la fortune ; vous enfin, citoyens de tous
» les états qui formez cet heureux concours, vous
» portez dans vos âmes cette noble fidélité qui est
» l'ancre du salut et qui fait votre gloire. Nantes,
» avec sa nombreuse population, brillera dans les
» premiers rangs des cités fidèles.

   » Voilà, messieurs, vos sentimens comme fran-
» çais attachés à la monarchie ; mais, comme chré-
» tiens, nous avons d'autres devoirs à remplir
» qu'un ministre de l'évangile doit rappeler en par-
» lant à la face des autels. Non-seulement la re-
» ligion commande et consacre la fidélité comme
» une vertu sans laquelle toutes les autres seraient
» vaines ou dangereuses, mais encore elle nous im-
» pose l'obligation de prier avec une nouvelle ar-
» deur, et de vivre d'une manière qui nous re-

» commande devant Dieu pour être exaucés :
» prier, dis-je, et pour le prince encore si tendre
» que la providence nous a donné, et pour le Roi
» qui est le chef suprême de l'état, et pour les
» personnes augustes de son sang, si dignes de nos
» respects, et pour le salut général de la France ;
» offrir dans cette occasion solennelle de vives
» actions de graces au Dieu des armées et des na-
» tions pour le bienfait déja obtenu, afin qu'une
» pieuse reconnaissance en attire de nouveaux sur
» nous et sur notre patrie : il faut surtout de-
» mander à celui qui tient entre ses mains le cœur
» des Rois et des peuples de nous réunir dans le
» même esprit, de mettre un terme à des divisions
» si funestes à tous les membres de la société ;
» et que les Français désormais, ayant reçu le
» même baptême que le prince et que nos ancêtres,
» adorant le même Dieu, sous le même soleil, re-
» viennent de plus en plus à cette religion sainte
» dont l'oubli a causé tant de maux et tant de
» ruines. Ce royaume, messieurs, fut la gloire de
» l'univers tant qu'il fut chrétien, il en devint
» la terreur quand il cessa de l'être, il en deviendra
» de nouveau le modèle quand ses destinées se-
» ront accomplies, car il y a dans son sein des
» germes de foi, d'honneur et de vertu qui le dis-
» tinguent encore entre toutes les nations policées :
» c'est Dieu qui les élève, c'est Dieu qui les abaisse,

» et toute la sagesse des hommes ne saurait sup-
» pléer ni arrêter l'action de sa providence. Vous
» avez assez vu, messieurs, et assez vécu pour
» être convaincus de cette vérité aussi ancienne
» que les sociétés humaines. Malheur à la généra-
» tion qui l'ignore ou qui ferme les yeux pour ne
» pas la voir.

» Unissons nous donc pour lui rendre gloire, fai-
» sons éclater une sainte allégresse, et que ce beau
» jour ne soit troublé par aucun désordre capable
» d'offenser le ciel, ou d'affliger les amis de la paix
» et de la concorde. Puissent nos vœux monter
» jusqu'au trône du Dieu de Saint-Louis, et at-
» tirer des bénédictions sur sa race !.... ô puissant
» et glorieux Saint-Michel, souvenez-vous qu'il na-
» quit le jour de votre fête, et vous Marie, patrone
» immortelle de ce royaume, daignez le protéger
» avec son auguste mère.

» *Gloire à Dieu ! vive le Roi et Monseigneur*
» *le duc de Bordeaux !* »

Après le *Te Deum* et l'*Exaudiat*, le *Domine
salvum fac Regem* fut répété avec enthousiasme
par tous les assistans. Que de pensées consolantes
vinrent alors charmer tous les cœurs ! Oui, disions-
nous, le Dieu de Saint-Louis nous conservera la
famille adorée de nos Rois ! Oui, s'il le faut, il
fera plutôt de nouveaux miracles que de laisser
jamais se flétrir la tige sacrée de nos lys !

Pendant la cérémonie religieuse à laquelle assis-
taient tous les ecclésiastiques de la ville et du Sé-
minaire , des détachemens de la Garde nationale
et de la troupe de ligne occupaient les deux basses
nefs de la Cathédrale. A peine fut-elle achevée,
qu'ils en sortirent pour aller rejoindre leurs corps
respectifs , rangés en bataille sur le cours S.-Pierre,
sous le commandement de M. le maréchal-de-camp
baron Rougé, et passer la revue de M. le lieutenant-
général , accompagné de M. le préfet et de toutes
les autorités de la ville, et suivi d'un nombreux
état-major. Tous ces corps étaient dans la plus belle
tenue , et leurs lignes présentaient un coup-d'œil
magnifique. M. le comte Despinois parcourut tous
les rangs. La Garde nationale, le 13.ᵉ de ligne et
les cuirassiers d'Orléans défilèrent ensuite devant
lui , aux cris mille fois répétés de *vive le Roi! vive
le Duc de Bordeaux !* C'est ainsi que l'armée française confond les espérances coupables des hommes
qui avaient osé, par d'insolens soupçons, outrager
sa fidélité.

Cette revue n'a été terminée qu'à trois heures.

Des divertissemens avaient été annoncés pour
l'après-midi , et une foule immense d'habitans de
la ville et des campagnes environnantes , atten-
daient sur le cours Saint-Pierre et la place Royale,
l'assaut des mâts de cocagne. A cinq heures , les
rivaux commencèrent à se disputer les prix. Au

même instant des fontaines de vin coulaient sur les diverses places, et de joyeux buveurs y portaient la santé de Henri.

Quelques nuages, qui firent craindre de la pluie pour le soir, hatêrent le moment du feu d'artifice. Il fut, malgré cette avance, tiré au milieu d'une foule immense. A diverses reprises, les acclamations de *vive le Roi! vive le duc de Bordeaux!* se joignaient aux explosions de ce feu, qui selon l'expression d'un homme d'esprit , était tout à la fois *feu d'artifice et feu de joie.*

Une illumination des plus brillantes éclaira aussitôt les deux cours ; de joyeuses contredanses s'y formèrent en un moment. La joie la plus franche, la plus vive, présidait à ces bals multipliés, et partout où le son des instrumens ne pouvait se faire entendre , des couplets aussi charmans par le bon esprit qui les avait inspirés , que par leur naïve simplicité, dirigeaient les pas des danseurs. Ce qui se passait sur le Cours se répétait au même instant sur la place Bourbon , la place Royale et sur la Bourse. Sur la place du Bouffay , M. le curé de Sainte-Croix allumait un feu de joie, dont les marchandes fruitières, toujours si remarquables par leur excellent esprit , avaient fait tous les frais. Partout mêmes transports , même ivresse ! Une foule immense s'était répandue dans tous les quartiers pour voir les illuminations. Parmi les plus belles on remar

quait le palais de la préfecture et l'hôtel d'Aux ;
où demeure M. le préfet : la façade de ce dernier
présentait un fort beau transparent. Au devant
d'un champ semé de lauriers s'élevaient des touffes
de lys ; d'une des tiges brisées sortait un jeune
rameau ; au-dessus , l'écusson de France , et cette
inscription : *Manibus date lilia plenis.*

Le palais épiscopal était aussi éclairé avec
beaucoup de goût. Un beau transparent qui sur-
montait le portail principal, représentait, la France
à genoux recevant des mains de Saint - Michel ,
l'Enfant miraculeux ; au bas on lisait cette inscription : VIVE DIEUDONNÉ ! Du côté de la promenade, outre l'illumination de la terrasse , on
voyait au-dessus du grand balcon une étoile en
lumière surmontant le chiffre du Roi pareillement
éclairé ; ces deux morceaux, parfaitement dessinés
dans l'ombre produisaient le meilleur effet. L'illumination de la Bourse fixait tous les regards. Dans
toute l'étendue du fronton de ce bel édifice on
lisait, tracés en verres de couleurs , ces mots si
chers à tous les cœurs français : VIVE LE DUC
DE BORDEAUX ! des transparens ornaient les deux
extrémités de la corniche. Les fenêtres de l'hôtel
et le pourtour de la promenade étaient entièrement
garnis de lampions. Une ancre en verres de couleurs
décorait la façade de l'hôtel de la Marine. Le
portail de l'Hôtel de Ville , celui du Collége Royal

avec cette inscription : *Nos destins sont fixés, Berry nous est rendu*; celui de la gendarmerie avec un joli transparent; l'hôtel des postes et une foule d'autres, un grand nombre de balcons se faisaient également remarquer par l'élégance et le goût de leur illumination.

M. le lieutenant-général comte Despinois a su fêter le duc de Bordeaux et les Bourbons comme il sait les servir. Son hôtel, parfaitement illuminé, offrait à l'extérieur un coup d'œil fort remarquable. Un beau transparent représentait l'Enfant de la France au milieu d'un champ de lis, et portant le symbole de la paix. Un rayon lumineux traversait les nuages; on lisait ces mots : *Voici Henri*, plus bas, *Dieu nous l'a donné.*

Une vaste tente couvrait le jardin : plus de 600 personnes remplissaient les salons. A 8 heures, les dames, au nombre de plus de 200, dans les costumes les plus élégans, ont passé à la salle de bal, ornée des bustes du Roi, d'Henry IV, et de Monsieur. Des trophées, des chiffres de la Famille Royale, des devises toutes monarchiques et chevaleresques, chacune analogue à son objet; des guirlandes de feuillage et de lys garnissaient le pourtour. On distinguait parmi les devises celles du Roi : *Comme un Roi, comme un père il sait nous gouverner*; celle de Monsieur : *Des chevaliers français tel est le caractère*; celle d'Henry IV : *Il revit dans nos cœurs et dans ses descendans;* celle de MADAME : *Digne sang de nos Rois, elle en a le courage.* Il faudrait les citer toutes, car elles sont toutes dignes de souvenir. Tous ces objets étaient répétés par les glaces. La fraîcheur et la légèreté de toutes ces décorations produisaient un effet des plus agréables.

Un excellent orchestre a ouvert le bal, qui s'est étendu jusque dans les salons voisins. La grâce, la gaîté des danseuses ont fait l'ornement de cette fête charmante. Elle s'est prolongée jusqu'à 5 heures du matin, et n'a été interrompue par intervalle que pour permettre à quelques bons français de faire entendre des couplets composés en l'honneur du duc de Bordeaux. La pureté et l'énergie des sentimens qui les ont dictés ont été vivement appréciées.

Les auditeurs en ont redemandé plusieurs, et les ont applaudis aux cris de *vive le Roi! vive le Duc de Bordeaux!* L'union la plus parfaite régnait dans toute l'assemblée. Chacun semblait se féliciter que les auteurs des vers eussent si bien lu dans son cœur. Des rafraîchissemens de toute espèces, servis en abondance, ont ajouté à tous les agrémens de cette fête, qui n'a rien laissé à désirer.

Les danses du peuple et les promenades se prolongèrent fort avant dans la nuit; enfin, chacun se sépara en répétant le nom du jeune héros de la fête, et se promettant bien de chômer dans le jour suivant le lendemain du *premier* et la veille du *trois* mai.

Les drapeaux qui avaient pavoisé toutes les maisons le jour du Baptême de notre Henry, les ornaient encore mercredi : chacun attendait avec impatience la soirée de ce jour pour se livrer aux plaisirs de la veille, et préluder à ceux du lendemain. Le programme, en annonçant que les édifices publics seraient illuminés le mercredi, n'avait adressé aucune invitation aux habitans. Mais, ô triomphe de l'amour de nos Rois légitimes! à peine le jour commence-t-il à tomber, qu'un grand nombre de maisons particulières sont spontanément illuminées ; des danses se forment de toutes parts ; la foule parcourt les rues, et l'écho redit avec plaisir : Vive le Roi! Vive le Duc de Bordeaux!

Le jeudi 3 mai, anniversaire du retour de notre bon roi, nous a ouvert une source nouvelle de jouissances. O l'heureux jour, qui nous appelait à célébrer à la fois et le *père* et *l'enfant* de la France!

Un violent orage, qui éclata sur notre ville dans la matinée, parut un moment devoir troubler nos plaisirs ; mais le ciel se hâta de calmer notre inquiétude, en éloignant de nous ce qui l'avait causée ; la plus belle après-midi succéda à ce moment de mauvais tems , et le soleil, se montrant tout-à-coup après cette bourrasque , nous parut un symbole fidèle de Louis le Désiré, apparaissant à la France après les horreurs révolutionnaires et les fureurs du tyran.

A 11 heures , toutes les autorités , un grand nombre de chevaliers de Saint-Louis et de la légion-d'honneur , d'anciens officiers et d'officiers en retraite , se trouvaient réunis dans la grande salle de la préfecture , pour assister à l'inauguration du portrait du roi. MM. les membres du conseil général présens à Nantes , y occupaient un rang distingué. Chacun ayant pris place en face de l'image chérie qui venait d'être nouvellement placée , M. le préfet s'est levé, et a parlé en ces termes :

« Monsieur le Lieutenant-Général, Messieurs,

« MM. les membres du conseil-général du dé-
» partement ont exprimé, dans leur dernière
» session , le désir de voir élever dans cette salle
» des réunions solennelles l'image de notre monarque
» vénérable , au même lieu où était placée jadis
» celle de son vertueux et infortuné frère. Ce vote
» pieux a été accompli. La main d'une de nos
» compatriotes , aussi distinguée par son talent que
» recommandable par ses malheurs et son cou-
» rage, vient de retracer les traits du père de la

» patrie, ces traits où brillent tant de pénétration,
» de sagesse et de douceur.

» Quelle époque plus favorable, Messieurs, pour
» la consécration de ce monument de respect et
» d'amour, que celle où l'enfant de nos espérances,
» le rejeton d'une tige brisée si cruellement, et
» si miraculeusement renouvelée, est présenté
» pour la première fois dans le temple du Dieu
» protecteur des lys, en présence des députés de
» la France ?

» Souvenons-nous aussi qu'à pareil jour, à pa-
» reille heure, notre monarque désiré rentrait dans
» le sein de sa capitale, au milieu des acclama-
» tions de la joie publique.... Jour d'ineffaçable
» mémoire, qui vit en peu d'instans le fantôme
» gigantesque d'un pouvoir usurpé pâlir et dispa-
» raître devant la toute-puissance de la légitimité !
» Ainsi, n'en doutons pas, s'évanouiront désor-
» mais toutes les tentatives séditieuses, ainsi seront
» dissipées toutes les coupables pensées.

» Guerriers, magistrats, citoyens, tous enfans
» de naissance ou d'adoption de cette forte et géné-
» reuse contrée, nous allons offrir au Dieu par
» qui règnent les Rois, nos vœux pour celui qu'il
» nous a rendu ; et pour les princes de son auguste
» maison. Nous renouvellerons du fond du cœur
» le serment de les défendre jusqu'à la mort contre
» les ennemis de l'Etat, et contre l'attaque des

» factions. Portons au pied des autels le sentiment
» de fidélité et d'espérance qui nous réunit ici
» comme une seule famille; et semble parler plus
» haut à nos cœurs en présence de cette image
» vénérable et chérie.

» Pouvons-nous porter nos yeux vers elle sans
» nous élever aux plus nobles pensées? Tout re-
» trace ici les attributs de la justice et de la majesté
» suprêmes; là, le code de nos libertés repose sous
» l'égide de la couronne, pour enseigner que sans
» cette autorité tutélaire, les lois les plus saintes
» seraient sans force, les droits sans sauve-garde,
» l'ordre-public sans garanties.

» Ainsi le dévouement au Prince légitime em-
» brasse toutes les pensées généreuses; ainsi le cri
» d'amour que nous faisons entendre; ce cri vrai-
» ment français est à-la-fois l'élan de la reconnais-
» sance et l'expression d'un vœu qui renferme
» tous les autres.

» *Vive le Roi! vivent les Bourbons! vive le*
Duc de Bordeaux! »

Ce discours a été écouté avec toute l'attention
qu'il méritait et suivi des acclamations les plus
vives.

Le cortège se rendit ensuite à la cathédrale,
pour assister au *Te Deum*, qui fut chanté avec
la même solennité que celui de mardi; et après
lequel M. le lieutenant-général, accompagné des

autorités , se dirigea sur le cours Saint-Pierre ,
pour y passer en revue les troupes de la garnison.
Comme le 1.er mai , l'infanterie et la cavalerie défilèrent aux cris de *vive le Roi ! vive le duc de
Bordeaux* ! Les nombreux spectateurs se plaisaient
à joindre leurs acclamations à celles de nos soldats
fidèles.

Dans l'après-midi, un nouveau mât de cocagne
fut placé sur le grand cours. Les habitans de la
place Bourbon , qui s'étaient distingués , pendant
les fêtes, par l'élégante décoration de leur puits ,
firent aussi placer un mât sur cette place. Les prix
dans l'un et l'autre endroit furent long-tems dis-
putés.

A six heures , un ballon , orné de fleurs-de-lys ,
fut lancé sur la place Louis XVI. A la chûte du
jour, toute la ville fut illuminée comme le 1.er mai ;
l'inscription de la Bourse était seulement changée,
au lieu de *vive le Duc de Bordeaux !* on y lisait :
vive le Roi ! Les deux Cours offraient encore une
brillante illumination , une foule immense les par-
courait , se répandait ensuite dans les divers
quartiers de la ville , et les danses les plus
joyeuses égayaient toutes les places ; par-tout
l'ordre le plus parfait, la plus franche gaieté : c'é-
tait vraiment la joie des honnêtes gens.

Une brillante réunion eut lieu le soir chez M. le
préfet. Au moment où M. le lieutenant-général y

arriva, il fut salué à plusieurs reprises aux cris de *vive le Roi ! vive le Duc de Bordeaux !* redits avec enthousiasme par les nombreux promeneurs qui couvraient la place Louis XVI. Les divertissemens et les danses se prolongèrent fort avant dans la nuit.

Nous ne devons pas omettre que sur le premier perron du grand escalier de la préfecture était exposée la statue en pied de Louis XVI, que vient de terminer notre sculpteur M. Dominique Molchnecht. Ce nouvel ouvrage fait honneur à son ciseau : la figure du Roi martyr joint au mérite de la ressemblance celle d'une expression noble et touchante. D'une main il tient une branche d'olivier, et, de l'autre, son testament ouvert à ces paroles : *Je pardonne de tout mon cœur à ceux qui se sont faits mes ennemis, sans que je leur en ai donné aucun sujet, et je prie Dieu de leur pardonner.* Cette statue de 6 pieds de proportion, exécutée en pierre de Conflans d'un grain extrêmement fin, est un don particulier de M. le comte de Brosses aux habitans du Loroux. Ils la destinent à orner une place circulaire formée au-devant de la belle église qu'ils viennent de faire construire sur les dessins de M. Math. Crucy. Un piédestal de 8 pieds, déja élevé sur cette place, porte cette simple inscription :

A NOTRE BON ROI LOUIS XVI!
Par sa fidèle commune du Loroux.

Si la tranquillité la plus parfaite a régné pendant ces trois jours de fête, nous devons l'attribuer autant à l'excellent esprit des habitans de Nantes, qu'au zèle infatigable de la fidèle gendarmerie, dont on a eu lieu d'admirer la belle tenue. Ce corps s'est montré, dans cette circonstance comme dans toutes les autres, parfaitement digne des récompenses dont il a plu naguère au Roi d'honorer plusieurs de ses membres.

L'allégresse des Nantais dans ces deux jours n'a rien qui nous surprenne. Eh ! quel Français aurait donc pu se montrer indifférent ou insensible ? Le repos de la France est tout dans la légitimité ; son bonheur dans la légitimité ; sa gloire dans la légitimité ; et la naissance de Dieu - Donné n'est - elle pas le triomphe de la légitimité ; de cette légitimité à qui nous sommes redevables des Monarques les plus accomplis, des institutions les plus sages, du retour de la religion, de l'ordre et de la paix ; de cette légitimité, qui perpétuée par la naissance du jeune Henri, promet à nos neveux les règnes si révérés des Louis IX , des Henri IV, des Louis XII et des Louis-le-Grand.

Quels exemples illustres notre jeune Prince aura sous les yeux ! Que de personnages augustes autour de ce berceau où repose l'espoir de la patrie ! C'est un Roi, le meilleur, le plus clément des Rois, dont la sagesse éclairée laisse bien loin derrière elle ce que l'histoire nous rapporte des princes les plus sages ; c'est un aïeul dont les grâces chevaleresques, le zèle religieux, rendent vraisemblable tout ce que nos vieux historiens nous rapportent de la religion et de la courtoisie des preux des anciens jours ; c'est un Prince que nous admirâmes à deux époques, les délices de la France et l'orgueil du midi ; c'est une Princesse élevée à l'école du malheur, mais qui, quelque grandes qu'aient été ses longues infortunes, leur a toujours été supérieure ; nouvelle Marie-Thérèse, modèle de bonté et de courage, héroïne du Midi comme son époux en est le héros ; c'est une mère enfin devenue veuve au printemps de la vie, ange de piété, de résignation et de bienfaisance, qui ne tient à la terre que par les liens sacrés qui l'attachent à sa nouvelle patrie ! Chère France, tu pressens ce que sera ton *Henri* !

Non, nous le répétons encore, ce ne sont point des événemens ordinaires que nous avons célébrés ; c'est la double renaissance de la vieille monarchie de nos pères, la double victoire de la tranquillité sur l'anarchie, de la vérité sur l'erreur, de la vertu sur le crime, de la religion sur l'athéisme, du ciel enfin sur l'enfer ; c'est la fin assurée de tous les maux de la patrie, le bonheur des jours présens, celui des générations à venir. Et vous, Lys majestueux, que le souffle des tempêtes courba, mais qu'il ne put abattre, vous, dont le fer régicide respecta involontairement la racine sacrée, relevez-vous aujourd'hui plus éclatans que jamais ! Croissez et multipliez, et qu'après des siècles écoulés, nos arrière-neveux, aussi heureux que leurs devanciers, trouvent encore en vous le gage précieux de leur repos, de leur prospérité, de leur gloire! VIVE LE ROI ! VIVE LE DUC DE BORDEAUX ! VIVENT LES BOURBONS !

J. C*****T.

Le premier, le second, le troisième et le quatrième jour de mai 1821, à l'occasion du baptême de *notre Henry*, par les soins de la mairie, de quelques âmes charitables et des bonnes poissonnières, cuisinières ordinaires des prisonniers, pour les jours de fête, les pauvres détenus ont partagé la joie générale de la France. Ils ont été nourris sainement et abondamment pendant ces quatre jours. Aussi leurs cris de joie et de reconnaissance se faisaient entendre à la satisfaction publique, jusqu'à l'isle Feydeau.

Le premier jour, à 8 ou 9 heures du matin, M. l'aumônier des prisons, a donné à tous les hommes, *même aux militaires*, une chemise et une culotte neuve, et aux femmes, une chemise.

Tous ces jours, jusqu'au quatre inclusivement, les arrivans ont eu la même charité. Aussi, ceux des prisonniers qui sortent, comme ceux qui restent en prison, prient le bon Dieu de bénir *Dieudonné*, et lui demandent une prison où la prévention et le crime ne seront pas confondus, une prison où l'enfant coupable d'une première faute ne sera pas avec le scélérat consommé, pour, dans 24 heures, devenir aussi scélérat que son maître, un autel où ils verront offrir la précieuse victime, et où ils pourront être instruits et consolés.   ✳✳✳

Les grenadiers du 1.er bataillon de la garde nationale de Nantes se sont réunis le 1.er mai dans un banquet en l'honneur du baptême de S. A. R. Monseigneur le duc de Bordeaux. La joie franche que toute la ville a fait éclater dans ce premier jour de Fête, devait être sentie et exprimée dans une semblable réunion. Des toasts au Roi et à toute la Famille Royale y ont été portés avec acclamation, et les vœux les plus sincères y ont été formés pour le précieux rejeton auquel se rattache le bonheur de notre avenir.

Le banquet a été terminé par les couplets suivans :

L'ESPÉRANCE DE LA FRANCE.

Air : *Ah ! le bel oiseau maman.*

Amour au duc de Bordeaux,
   L'espérance
   De la France,
Echos, portez lui ces mots :
Amour au duc de Bordeaux.

Son horoscope sera,
Par ma foi facile à faire,
Il sera grand, car il a,
Des héros pour père et pour mère.
Amour, etc.

Il sera vaillant, humain,
Et généreux avec grace,
Il sera, mais tout enfin,
Car il chassera de race.
Amour, etc.

Il sera ce noble enfant,
Bon Roi, bon soldat, bon père,
Des vertus d'Henri le Grand,
C'est un nouveau légataire.
Amour, etc.

On vous promet, vieux soldats,
Encor des jours de victoire,
Car Henri ne fera pas,
Attendre long-tems la gloire.
Amour, etc.

En naissant que nous causnos,
De soins, de soucis, d'alarmes,
Mais Henri vint sans façons,
Entouré de frères d'armes.
Amour, etc.

Fidèle, armée à son sort ,
Un nœud sacré nous enchaîne ,
C'est à la vie à la mort ,
Entre filleul et marraine.
Amour , etc.

Buvons au royal chrétien ,
Mais pour ce prince qu'on aime ,
Amis faisons choix d'un vin ,
Qui soit exempt du baptême.
Amour au duc de Bordeaux !
  L'espérance ,
  De la France ,
Echos , portez lui ces mots :
Amour au duc de Bordeaux.

VIVE BORDEAUX ! VIVE LA FRANCE.

Air : *Vive le Roi ! vive la France.*

Pour célébrer en ce beau jour
L'auguste Enfant qu'un ciel prospère ,
Dût accorder à notre amour ,
Pour nous consoler de son père.
Il nous faut , mes chers compagnons ,
Chanter , rire et faire bombance ,
Et répéter sur mille tons ,
Vive Bordeaux ! vive la France !

Toujours unis , toujours constans
Dans notre foi , toujours sincères ,
Pour lui nous saurons aux méchans
Faire sentir nos cimetères.
Mais si la paix et le bonheur ,
Sont les doux fruits de sa présence ,
Nous dirons comme au champ d'honneur ;
Vive Bordeaux ! vive la France !

VIVE LE DUC DE BORDEAUX.

Air : *Lise épouse le beau Gernancé.*

Amis , le canon qui gronde
Porte la joie à la ronde ,
Saluons-le par ces mots :
Vive le duc de Bordeaux !
C'est dans ce beau jour qu'on nomme
Ce noble fils de Berri ,
Le ciel nous doit un grand homme,
Puisqu'il nous donne un Henri.   (Bis.)

Cet Enfant, chère espérance
Des Bourbons et de la France ,
Remplacera parmi nous ,
Celui que nous pleurons tous.

Puisse un destin plus prospère,
Protéger ce jeune lys,
Et des jours ravis au père
En tenir compte à son fils.   (Bis.)

Un jour vous pouvez m'en croire,
Ceint des lauriers de la gloire,
On verra ses étendarts
Flotter dans les champs de Mars.
Orné du brillant panache,
Cher au plus grand des Henris,
C'est sous le drapeau sans tache
Qu'il vaincra ses ennemis.   (Bis.)